I0620941

Todos los libros de Linkgua Ediciones cuentan con modelos de Inteligencia Artificial entrenados por hispanistas. Pregúntale al chat de tu libro lo que desees acerca de la obra o su autor/a.

Para ebooks: Accede a nuestro modelo de IA a través de este enlace.

Para libros impresos: Escanea el código QR de la portada con tu dispositivo móvil.

Obtén análisis detallados de nuestros libros, resúmenes, respuestas a tus preguntas y accede a nuestras ediciones críticas generativas para una experiencia de lectura más enriquecedora.
La transparencia y el respeto hacia la autoría de las fuentes utilizadas son distintivos básicos de nuestro proyecto. Por ello, las respuestas ofrecen, mediante un sistema de citas, las fuentes con las que han sido elaboradas.

José Cadalso

Memorias o compendio de mi vida

Barcelona 2024
Linkgua-ediciones.com

Créditos

Título original: Memorias o compendio de mi vida.

© 2024, Red ediciones S.L.

e-mail: info@Linkgua-ediciones.com

Diseño de cubierta: Michel Mallard.

ISBN rústica: 978-84-9816-801-3.
ISBN ebook: 978-84-9897-849-0.

Sumario

Brevísima presentación

La vida

José Cadalso y Vázquez (Cádiz, 8 de octubre de 1741-Gibraltar, 26 de febrero de 1782). España.

Su familia procedía por línea paterna del señorío de Vizcaya. Su madre murió durante el parto, y su padre estaba en América y tardó doce años en volver. Fue educado por un tío jesuita, el padre Mateo Vázquez. Cadalso viajó muy joven por Francia, Inglaterra, Italia y Alemania, cuyos idiomas dominaba.

Tras una temporada en el Seminario de Nobles de Madrid, vivió de nuevo en París y Londres hasta la muerte de su padre (1761). Entonces regresó a España y se alistó en el regimiento de caballería de Borbón en 1762, participando en la campaña de Portugal.

Destacado su regimiento a Madrid, Cadalso se relacionó con el poderoso conde de Aranda, presidente del Consejo de Castilla.

Tras unos meses de destierro, Cadalso regresó a Madrid. Por entonces se enamoró de la actriz María Ignacia Ibáñez, quien murió de tifus, a los veinticinco años, el 22 de abril de 1771. Se dice que Cadalso, desesperado ante su muerte, intentó desenterrarla. Poco después escribió *Noches lúgubres*, obra inspirada en este suceso.

En 1777 fue ascendido a comandante de escuadrón. Dos años más tarde participó en el asedio de Gibraltar y fue ascendido a coronel en 1781. Murió el 27 de febrero de 1782, herido por el impacto en la sien de un fragmento de metralla.

La obra

Memorias o compendio de mi vida relata la vida de José Cadalso, quien nació en Gibraltar, estudió con los jesuitas de Cádiz y después en París. Cadalso fue cadete en el regimiento de caballería de Borbón y alcanzó el grado de coronel.

Vivió en varias ciudades españolas, entre ellas Madrid, donde tuvo amores apasionados con la actriz María Ignacia Ibáñez. Fue amigo de Nicolás Fernández de Moratín y de Tomás de Iriarte.

Memorias o compendio de mi vida refleja su intensa biografía. El estilo de este libro es aforístico. Cadalso relata los episodios de su vida en capítulos breves y concentrados. Así vemos casi como en una película escenas familiares, recuerdos de la infancia y las distintas ciudades en que vivió.

(1773 y sus continuaciones 1774 y 1778; 1778 y 1779; 1779 y 1780)

De mi familia

Dicen que mi casa solar está en un lugar pequeño de Vizcaya, llamado Zamudio. Aseguran que es muy antiguo. Añaden que en los Ayuntamientos del pueblo (que a la usanza del país se dicen cruces paradas) las hembras de mi familia tienen voz, como los varones de otras. Consta también que tiene un escudo de armas nada vulgar. Buenas casas todas. Se me abre la boca de par en par cuando hablo de ellas; porque así como a otros es un especialísimo incentivo la conversación de genealogías, he experimentado que es para mis humores el mejor soporífero que puede inventarse. Habiendo leído menos de autores de blasón que de Poesía y Filosofía, no puedo desechar de mí aquello de Horacio: Nam genus, et proavos, et quae non fecimus ipsi, vix ea nostra voco...

De mi abuelo

Fue un hombre que se fue al otro mundo sin vestirse a la castellana, ni hablar castellano: muy llena la cabeza de que un antepasado suyo había sido algo con Carlos V no le pareció justo trabajar en ser algo con Carlos II, ni Felipe V. Pero para que se vea cuán a paso de gigante camina el hijo, mi abuela encargó que le enviasen de Bilbao un hombre que enseñara el español a sus muchos hijos, pues entre los de su matrimonio, y los de las primeras nupcias, me dio mi abuelo un padre y veinte y ocho tíos y tías: de los cuales la mayor parte han muerto, quedando solo dos, uno muy rico y feliz, y otro muy triste y pobre.

9

De mi padre
Nació con demasiada viveza para gastar su vida en hablar vascuence, beber chacolí, plantar castaños y conversar de abuelos, y así se escapó como pudo de casa, y fue a parar a Indias en busca de un tío suyo: el cual tuvo buen cuidado de desconocerle luego que le vio pobre. Volvió como pudo a España, no obstante que le quiso detener el Virrey, porque le gustaron sus buenas prendas. Pero más habían gustado a una señora de Cádiz, hija de un Cónsul de aquella Contratación, que se enamoró de él a su paso por aquella ciudad para embarcarse. Casáronse. Volvióse a embarcar mi padre para aprovechar en las Indias la protección de aquel Virrey.

De mi nacimiento
Nací a mi tiempo, regular, muriendo mi madre del parto. Encargóse de mi niñez una tía de mi madre, y de mi educación, un tío jesuita, que persuadió por cartas repetidas a padre que me enviase al Colegio de Luis el Grande de París, floreciente entonces por el gran número y no menor calidad de los alumnos.

Morada en el Colegio en París
Llegué de nueve años de edad al Colegio, gobernado entonces por un célebre jesuita llamado el P. Latour, que había sido maestro del Príncipe de Conti y protector de Voltaire, para su colocación en la Academia.

Llegada de mi padre a París

En esto volvió mi padre de América, y luego que desembarcó en España, me avisó que iba a París, para tener el gusto de dar un abrazo a su unigénito hijo. Me había dado el P. Latour por ayo un Mr. Augé, Abogado en el Parlamento de París, y que había sido algo en la Secretaría del Príncipe de Conti. Mi ayo y yo salimos al camino por donde había de llegar mi padre, a quien habíamos ya buscado una posada con mucha anticipación. A dos leguas hicimos alto esperándole (es de notar que iba yo a cumplir trece años, sin conocer a mi padre). Vi pasar un criado a caballo delante de una silla de posta de dos asientos. Sentí en mi corazón un golpe inesperado y prorrumpí diciendo: Mr. Augé, en esa silla viene mi padre. Mr. Augé, que no creía en estos presentimientos, no hizo caso. Al mismo tiempo, mi padre, que efectivamente venía en la silla de posta, con un amigo suyo (sobrino de un Dn. Francisco Molinillo, Camarista de Indias, conocido suyo de México) le dijo: Molinillo, aquel muchacho es mi hijo. Molinillo hizo el mismo caso de aquel impulso que mi ayo hizo del mío. La silla pasó. Llegó mi padre a la posada y dos horas después llegamos a ella mi ayo y yo cansados de esperar a mi padre, que ya estaba dentro. Le besé la mano: me dio un beso en la frente; casi, casi nos enternecimos, y a un tiempo mismo dijo mi padre: ¿No dije yo que éste era mi hijo? Y yo ¿no dije que éste era mi padre? Proseguí mis estudios, sin más intervalo que el de ocho días que estuve con mi padre, a quien di el gusto de verme ganar el primer premio de mi clase que era de versión latina a lengua francesa. De allí a poco se le antojó aprender inglés, y para lograrlo, se fue a Inglaterra. Se retiró al campo a vivir con una familia inglesa y logró aprender la lengua con toda perfección. Las costumbres de aquella nación, siendo muy análogas al carácter de mi padre, se enamoró de aquel pueblo, y me mandó que pasase el mar para lo mismo.

Primera morada en Inglaterra
Pasé con toda prontitud a Londres, porque las órdenes de mi padre no eran capaces de interpretación. Estuve una temporada en un lugar llamado Kingston, donde mi padre había aprendido el inglés, y otra, en una especie de escuela académica, mantenida por un Mr. Plunket, católico, gran partidario de la Casa de Stuart. Me hice cargo del idioma de aquel país. Allí experimenté por primera vez los efectos de la pasión que se llama amor. Hubo de serme funesta.

Vuelta a París
Mi padre volvió a Madrid a seguir sus ideas en la Corte, y me escribió que volviese a París a estar un año en la Academia. Lo ejecuté con igual puntualidad.

Vuelta a Madrid
Al año tuve orden para volver a España, y entré en un país que era totalmente extraño para mí, aunque era mi patria. Lengua, costumbres, traje, todo era nuevo para un muchacho que había salido niño de España, y volvía a ella con todo el desenfreno de un francés, y toda la aspereza de un inglés. Aumentóse mucho esta mala disposición con la vista de miseria de nuestras posadas, caminos, etc. Llegué a Madrid, y al cabo de un mes no cabal de estar en compañía de mi padre, me dijo que por si me había relajado algo en costumbres, u religión, me convenía estar algún tiempo en el

Seminario de Nobles de Madrid. Entré en él de dieciséis años muy cumplidos, después de haber andado media Europa, y haber gozado sobrada libertad en los principios de una juventud fogosa. Desde el mismo día empecé a tratar el modo de salir de aquella casa, que no se me podía figurar sino como cárcel. Pero mi padre era hombre tan metido en sí, que me era poco menos que imposible saber qué medio sería el más eficaz para este fin. Por fin pude adivinar que me quería para covachuelista, cosa que se oponía a mi ánimo, que era militar. Aumentóse la pesadumbre de mi actual situación, con la expectativa de otra no menos desagradable. En esto tuve por casualidad noticia de que mi padre aborrecía con sus cinco sentidos a la Compañía dicha de Jesús. Finjo vocación de jesuita (habiéndole propuesto varias veces mi deseo de ser soldado). Estas insinuaciones, cada una por sí, le volvieron loco, y mucho más la combinación de las dos vocaciones, tan diferentes. Sacóme, desde luego, del Seminario y me mantuvo en su casa, tratándome con suma extrañeza, nacida, a mi ver, parte de la natural sequedad de su genio, y parte de lo que le daban que hacer mis vocaciones encontradas y hermanas. La disyuntiva de soldado o jesuita era la cosa más extravagante que puede imaginarse, y mi padre, que sin haber estudiado Matemáticas tenía el espíritu más geométrico del mundo, no sabía qué hacer con un hijo tan irregular. Instándole yo una noche, que se estaba preparando para ir a casa de Esquilache, sobre mi deseo de servir, se exasperó tanto que, rompiendo su formalidad acostumbrada, me dijo: Dos veces me ha hablado Vm. con eficacia sobre este asunto, a la tercera no tiene padre (nótese que jamás me habló de tú). Suspendí por entonces, pero hice que le hablasen sobre el otro, esto es, el de jesuita: y ya apurado del todo conmigo, me dijo había determinado fuese a divertirme un poco por Andalucía. Apenas llegué a Cádiz, que le escribí tres pliegos grandes por las cuatro caras llenas de pedantería mística, sobre la perfección del estado religioso, peligro de las almas en el mundo, esencial obligación de salvarse, etc. Tardó mucho tiempo en responderme: en éste trabé más estrecha amistad con don Pedro de Silva, a quien ya había tratado en el Seminario (por señas que estuve para ahogarme con él, pasando del Puerto a Cádiz). Al cabo respondió mi padre, con más lágrimas que tinta, diciendo: que nunca había sido su ánimo apartarme del camino por donde Dios me llamaba; pero que era justo examinar la verdad de esta vocación, porque le sería sumamente doloroso perder el único hijo que tenía, por cuyo bien él había guardado un rígido celibatismo, y que así inmediatamente me pusiese en marcha para Madrid. Púseme en marcha para Madrid, y al llegar al Puente de Toledo hallé a mi padre, que me hizo pasar a su berlina, y en ella sin hablar una sola palabra atravesé calle de Toledo, plazuela de Ángel, calle de las Carretas, calle de Alcalá, y salí por la misma puerta a una hacienda que llaman la Alameda: allí había un coche de colleras, con un equipaje completo para mí, y una especie de entre compañero y tutor : y me dijo mi padre: Pase Vm. a ese coche y vaya Vm. con el señor a Londres. Yo no pude contener la risa al desenlace de tan extraña escena: y dije: Quede Vm. con Dios, que voy a un paraje excelente para quitar vocaciones de jesuita. Metíme en el coche tercero de los que había visto aquel día, y con el mismo silencio llegamos a Alcalá, en cuya posada el conductor me declaró el encargo que le había hecho mi padre, y se reducía a divertirme con dineros y con libros, y con cuanto quisiese. Por no parecer inconsecuente aparenté más vocación mística, y pasando por París y toda la Francia, huí de toda diversión y de mis conocimientos antiguos, pero cayendo malo mi conductor en León, y deteniéndose a negocios suyos en París, me ocupé en ambas ciudades en comprar los mejores libros que pude, y lo mismo ejecuté en Londres, hasta la noticia de la muerte de mi padre, y mi determinación de venir a España a servir en la Caballería. El año y medio que duró esta ficción, la reclusión que yo mismo me impuse, la lectura a que me obligué y el mucho tiempo que gastaba solo e n mi cuarto, me pegaron este genio que he tenido siempre después, y el amor a los libros. Como aún era yo muy joven y en la edad precisa de tomar incremento las pasiones, contribuyeron estas circunstancias a apagármelas más de lo acostumbrado. Muere mi padre viajando por Dinamarca, en Copenague, mal satisfecho del señor Esquilache y delirando en materias de Estado. Volví a pasar cuarta vez por París y llego a Madrid. Fui en posta a Cádiz, estuve pocos días para arreglar mis cosas con mi tío, volví a Madrid y tomé los cordones para ir al Ejército. Este golpe de heredero francés fue la piedra fundamental de la ruina de mi patrimonio, porque las doscientas leguas en posta, la celeridad del examen de papeles, y toda la tropelía, fueron causa que yo nunca supe la verdadera suma de mi Patrimonio, ni vi jamás el testamento de mi padre, ni supe qué tenía hasta que supe que ya no tenía nada.

Campaña de Portugal

Llegué al campo en que se hallaba mi regimiento, donde fui testigo de aquella guerra, con harto dolor de mi corazón, y en los acantonamientos de tropas que se hizo en la frontera de Portugal, corrí más peligro de muerte que en toda la campaña, pues habiéndome venido a visitar el Marqués de Tabuérniga, Cadete de Guardias, que tenía su batallón no lejos de mi regimiento, y habiendo bebido a la alemana a la comida, saliendo a la noche de nuestra tertulia le dije no sé qué palabra que le ofendió, sacó la espada de repente, y me pasó un botón de la casaca de la primera estocada, antes que yo hubiese reparado que tal espada tenía. En esto saqué la mía, que era la de a caballo, pesadísima para manejarse a pie. Pero tuve la fortuna de abrirle la cabeza, la ma no y el puño de su espadín, todo de una cuchillada, con lo que pude recogerle y llevarle a casa. De allí a poco se serenó. Cenamos: habló divinamente sobre varias cuestiones que se suscitaron, algunas muy profundas, se acostó, y durmió.

Intervalo de tiempo hasta la guarnición de Madrid

Mesa, juego, amores y alguna lectura ocuparon mi tiempo desde mi regreso a Madrid al concluirse la paz hasta que en 1764 levanté 50 caballos, por lo que me dieron la graduación en que me hallo hoy. Otras esperanzas pude haber fundado de dos lances al parecer más favorables: 1.º A pocos días de llegado a Madrid me hallé con una carta del famoso padre Isidro López, en que me decía que contestase al asunto de una adjunta (noticia de ciertos negocios jesuíticos, de que solo mi padre y yo podíamos estar enterados). Añadió que informase yo, en la suposición de que el Rey mismo había de ver mi respuesta. Entonces pude haber hecho gran negocio con los jesuitas, informando a su favor, o con el ministerio, informando contra la Compañía, que se llamó de Jesús, hasta que se la llevó el diablo. Esta fue la primera experiencia que hice de mi hombría de bien, y fue preludio de algunas otras. Me separé de ambos respetos, e informé como hombre de bien la verdad lisa y llana. De allí a poco me volvieron a escribir diciéndome que el Rey había leído mi esquela y había dicho, se conoce que este mozo tiene talento y honor, es menester atenderle. Lo que saqué de todo esto fue comprar una compañía por mi dinero, como lo hicieron en aquella estación muchos, que ni eran hombres de honor, ni talento, ni eran conocidos del Rey, ni habían escrito cartas al padre Isidro López. El 2.º, fue pasando con licencia a Madrid. Halléme con una carta del padre Zacagnini (que se hallaba entonces encargado de enseñar algunas cosas de erudición a los Infantes) en que me mandaba ir inmediatamente a su cuarto. Fui y me presentó un cuaderno grande infolio, que contenía una explicación inglesa de la hechura y manejo de una magnífica esfera del sistema de Copérnico, hecha en Londres y remitida al Príncipe. Se trataba de traducirla al castellano, para lo cual Su Reverencia me había propuesto a S.A., como inteligente en el idioma y en la Facultad. Lo hice y bien, y en pocas horas. Gustó infinito al Príncipe, quien la primera vez que me vio en su Corte me honró con benignas expresiones. De allí a poco los jesuitas fueron enviados bajo la inmediata, sabia y santa dirección del Vicario de Christo, y me pareció mala recomendación la de un jesuita para el Príncipe, contra cuyo padre ellos habían levantado todo Madrid, y así me aparté de Palacio. Proseguí mis diversiones, que me acarrearon una grave enfermedad en la Corte, de la que no me levanté sino después de mucho tiempo, y poco antes del motín, que vi todo con más especulación que algunos a quienes competía y se descuidaban o escondían. Salvé la vida al Conde de O'Reilly, cuando el populacho en la Puerta del Sol iba a dar fin de él. Cuatro dichos andaluces de mi boca templaron toda aquella furia, y aquel día conocí el verdadero carácter del pueblo. O'Reilly no lo ha sabido: ni yo lo diré. Llegó mi regimiento a las cercanías de Madrid, llamado por una orden de Esquilache (la última que firmó en España), y salí a Torrelodones a incorporarme con él. Allí nos vino la noticia de haberse dado la Presidencia de Castilla y Gobierno Militar al Conde de Aranda, y dijo Pazuengos al oírla: qué más motín que el Conde de Aranda hecho Presidente. No sabía Pazuengos que el Conde de Aranda, olvidado del precepto de Horacio, iba a correr de un extremo a otro, y que en vez de aquella sobrada intrepidez que se le notaba, iba a abatir su espíritu, humillar su genio y envilecer sus empleos, cobrando miedo a todas sus hechuras. Hicimos alto en Alcalá, mientras se preparaban los cuarteles en Madrid. Enamoréme allí sucesivamente de la hija de un Consejero llamado Codallos, y de la Marquesa de Escalona. El fin del primer amor fue el principio del segundo, y éste se acabó luego que vi que en la Marquesa no había cosa que dominase mi espíritu, ni complaciese mucho mi carne. No obstante, seguí esta amistad todo el tiempo que estuve en Madrid. Con la de Codallos pudo haber sido la cosa muy seria, porque siendo ella soltera y yo también, y mezclándose en eso tres sujetos muy intrigantes, estuve muy cerca de casarme con ella, y aún lo hubiera hecho, a no considerar que me quedaban ya muy cortas reliquias de mi patrimonio, y tener el corazón demasiado humano para ponerme a hacer chiquillos, que con el tiempo pedirían limosna. Lo que hicieron por casarme y lo que hice para que no me casaran merecen una historia aparte. Entramos en Madrid de guarnición, y viendo la gran fama que el Conde Presidente tenía, parecióme útil introducirme con él, y hallé motivo, porque enamorándose de un caballo mío, que le vendí, tuve ocasiones de hablarle. En una de ellas le dije deseaba que me hiciese el honor de ver un papel mío.

Dijo que sí, y de allí a pocos días le llevé un manuscrito en que me había yo forjado un sistema de gobierno a mi modo, bajo el estilo de una novela, y el nombre de Observaciones de un Oficial holandés en el nuevamente descubierto Reino de Feliztá. De allí a pocos días me dijo haberlo leído y haberle gustado: pero, como señores de tan altas ocupaciones suelen mentir con tanta frecuencia como benignidad, no tomé la cosa muy al pie de la letra, hasta que me la persuadieron sus favoritos, don Antonio Cornel y don Joaquín Oquendo, que habían sido sus pajes, y a quienes hizo más rápida fortuna que la que el Rey suele hacer a los suyos. Fueron tantas las fiestas y agasajos que me hicieron estos dos jóvenes, que empecé a tratarles con intimidad, tanto por respeto a su amo, como porque ellos por sí mismos tuvieron atractivo con las gentes, mientras no conoció éste la vanidad, y no tuvo el otro 40.000 pesos ganados en la banca.

Fuese mi regimiento de Madrid, y yo me quedé con motivo de unas pruebas que se me encargaron y yo no hice. En esto se esparció por la Corte una especie de libelo titulado: Guía de Forasteros en Chipre para el Carnaval de 1769 y siguientes. En este papel, con alegoría, sacada de la Guía común de forasteros, se hacía una descripción demasiado pública de los amores que con el nombre de cortejos eran ya conocidos en Madrid. El público me hizo el honor de atribuírmelo, diciendo que era más chistoso en su línea y más salado que los famosos libelos conocidos en España, a saber: El Tarquino Español; El Tizón de España; El Testamento de España; El Duende, y otros. Conjúranse contra mí varias ducas. Juno fue a Eolo y le mandó perseguir a los troyanos. Eolo, por complacerla, soltó los vientos contra Eneas; y yo por orden de Villadarias, estimulado por la Benavente y otras, salí desterrado, empeñado, pobre y enfermizo, de Madrid, la noche última de octubre de 1768.

Salida o destierro de Madrid, ida a Aragón,
encuentro con el Conde de Aranda

Detúveme algún tiempo en Alcalá, pensando que mis cosas se compondrían. Hospedóme con mucha amistad en su cuarto don Gerónimo Moreno, colegial de San Ildefonso, no sin repugnancia de sus compañeros, que me miraban como persona odiosa a la Corte y que, por consiguiente, me atraería a mí y a mis amigos la cólera del Gobierno. Moreno venció todas estas dificultades, y me agasajó, hasta que me vi en precisión de seguir mi marcha al regimiento que estaba en Aragón: porque alguno por meras sospechas informó a Villadarias que yo me había venido a Madrid al baile de máscaras de la noche de San Carlos: lo cual es positivamente falso, pues desde el instante de mi llegada a Alcalá al amanecer del día 1.º de noviembre, no me aparté un tiro de bala de Alcalá, como hice constar auténticamente, probando la coartada. Llegué a Zaragoza, precedido de la fama de mi destierro (aunque éste no constó jamás de oficio, pues lo limitó Villadarias a que su secretario me escribiese una carta de amigo aconsejándome que fuese a concluir el semestre a otra parte). Llegué, pues: me presenté al Mayor de la Plaza, pidiéndole me hiciese el gusto de darme certificación de haber llegado; pero no pudiendo ésta marchar por el correo de aquella noche, remetí una de un escribano del número al Marqués Inspector, para que no diese más oído a chismes, sino que creyese a hombres de bien, cuando dicen una cosa bajo su palabra de honor. Presentéme al Capitán General, y extrañado éste que fuese de Madrid a Zaragoza a pasar el semestre, y conociendo yo sus pocos alcances, le dijo en plena corte: Sí, Señor Excelentísimo, hice un voto a la Virgen del Pilar y lo vengo a cumplir. Halléme en Zaragoza enfermo, pobre, empeñado, desterrado, y desconocido de toda aquella nobleza, menos del Marqués de Hermosilla, que había sido muy amigo de mi padre en Aranjuez. Las noticias de mi desgracia, y el presentarme sin hablar ni saludar a nadie en la Luneta de la Comedia, me hizo objeto notable a todos los que concurrían a ella: me empezaron a hablar, tratar y querer, de modo que en breve tiempo debí muchos favores a todas aquellas gentes, singularmente a los Marqueses de

Lierta, Villaverde y Ariño, Condes de Torreseca y Sobradiel, con otros, cuyo amable trato no dejó de suavizar lo áspero de mi situación, que se aumentaba con la desgracia de pegárseme una calentura continua, que me llevaba a una tisis, y yo me curé solo. Acabado el semestre, fuime al cuartel de mi escuadrón, que era un conjunto de casas y chozas, a pocas leguas de Zaragoza, con el nombre de Ciudad de Borja. El trato de dos compañeros míos, muy amables, me desvanecían de cuando en cuando las ideas tristes que me sugería el estado en que me hallaba. Allí empecé a dedicarme a la poesía y compuse la mayor parte de las que publiqué bajo el título de Ocios de mi juventud.

O por persuadir al Rey que Madrid estaba quieto, o por curiosidad de ver lo que sucedería en su ausencia, o por dar una vista a su patria, o por algún otro motivo, fue el Conde de Aranda a Zaragoza. Tuvimos allá la noticia. Dejé que llegase, se desembarazase de las pesadas ceremonias, y estuviese más libre. Pedí licencia para pasar a la capital. La obtuve y pasé a ella, en la que nos juntamos 18 oficiales del regimiento. Fui muy temprano a casa del Conde: llegué al cuarto de los capitanes. Oyó mi voz el Conde y me envió a llamar. Entré, me preguntó que por qué no había ido en derechura a verle; me preguntó por la Escalona; me hizo mil expresiones; y sin pedírselo, me prometió que en volviendo él a Madrid me sacaría licencia; me hizo mil distinciones delante de todo Zaragoza; me recomendó particularmente al Capitán General, y éste, desde aquel instante, me trató con suma benignidad, mandándome expresamente que comiese en su casa los días que no comía en la del Conde Presidente. Aquí trabó más estrecha amistad conmigo don Joaquín de Oquendo, y en su morada en Zaragoza no vi en él cosa que no fuese amabilísima: formó él también de mí un concepto superior al que yo pude merecer. No se hallaba sin mí; todo me lo preguntaba; todo me lo confiaba; todo me lo consultaba; hízome una de aquellas declaraciones que entre los amigos verdaderos son más tiernas, y más sólidas, y de más noble objeto, que las que se hacen los amantes. En fin, nos prometimos una amistad eterna, que yo no he quebrantado sino a su ejemplo y en mi daño.

Duró esta estrechez hasta la ida del Conde a Madrid: de donde me escribía Oquendo exactamente todos los correos, exigiendo otras tantas respuestas mías, que le escribí con la mayor sinceridad, aunque algunas veces sobre materias tan delicadas, que no eran para el peligroso conducto de un correo ordinario. Llegó por fin el caso de enviarme la licencia para pasar a Madrid, obtenida por el influjo del Conde, que aún era poderoso.

Regreso a Madrid. Aventuras de todas especies
hasta mi salida voluntaria para el regimiento en el
día 8 de mayo de 1773 a Salamanca

Con la licencia, el favor del Conde, amistad de Oquendo, y algún deseo de ver a la Marquesa (con la cual, y con Huerta, seguí en todo este tiempo una gran correspondencia de cartas, que quemé después, y ahora siento haber quemado) me puse en marcha para Madrid, y llegué la noche del 10 de diciembre de 1770 al baile de máscara. La Marquesa, enamorada todavía mentalmente de mí y corporalmente de don Antonio Cornel, me conoció, no obstante el disfraz: la hablé con la careta puesta: me dio un pañuelo que la pedí por quitarme el sudor; me habló: y la dio una especie de congoja: la dije por qué aún no me había presentado. Pepe Olmuda [sic], que estaba en todo el misterio, la dio un vaso de agua, y al volver del accidente la preguntó: ¿Es ese afecto de odio o de amor?

Anduve buscando al Conde y sus gentes, pero no las hallé por no haber venido aquella noche, con motivo de haber muerto en el mismo día la Condesa de Torrejón, su hermana. Al día después me presenté en su corte: me hizo entrar en su gabinete; me dijo mil cosas; me convidó a comer; me presentó a la Condesa y quedé en Madrid con el distintivo de haber sido llamado por el Presidente.

La Marquesa, después de mil coqueterías mal ejecutadas, llevada en parte de mi antiguo amor, y en parte del que entonces tenía a Cornel, pasó [sic] por fin en negarme la entrada en su casa. Envióme este recado con Huerta; y le escribí un papel que decía: Recibí de la Marq. de Escal. un rec. para que no vay. más a su casa: el cual pongo a cuenta de los muchos que me ha enviado en su vida para que vaya a ella: y para que conste, lo firmo. Desembarazado totalmente de amor, me dediqué únicamente a cultivar la amistad de Oquendo, en quien hallé cada día más fineza, y junto esto al mucho favor que me manifestaba el Conde, me dieron total introducción en aquella casa, hasta el extremo de llevar mi papelera al cuarto de mi amigo, a quien empecé a enseñar la lengua inglesa y dar algunas otras noticias: todo con tanto beneplácito del Conde, que una vez me puso por juez entre su misma persona, y su Oquendo, sobre frioleras que parecían riñas domésticas de padre a hijo. Cosa de distracciones propias de la edad de Oquendo, a quien el Conde quería amedrentar, pero no apartar de su lado, pues le tenía demasiada pasión, de la cual éste abusó en tanto grado, que de la noche a la mañana le desterró el Conde, enviándole a Valencia, donde se hallaba su regimiento. Lo supe, no puse los pies en casa del Conde, y me fingí enfermo. El Conde, que había sentido la salida del muchacho aún más que él mismo, me envió tres recados para que fuese allá: por fin pasé a su casa a las ocho de la noche. Me hice anunciar.

Mandó que entrase inmediatamente, y con ánimo más caído que cuanto se puede imaginar, me sacó la conversación del desterrado, cuya causa yo defendí con tanto tesón y fortuna, que de allí mismo resultó, a propuesta mía y encarecimiento suyo, que entonces mismo montase yo en una mula (eran las once y media de la noche) y fuese a alcanzarle a Aranjuez, primera jornada de su camino. Llegué a Aranjuez al amanecer, porque la mula era perversa: fui al parador y ya había marchado. Proseguí por el camino de Ocaña y vi de lejos el coche; lo alcancé, y llegué a la puertecilla; le desperté, que iba medio dormido, y se sorprendió de verme en aquella hora y paraje. Le dio luego mi embajada y volvió el coche hacia Madrid. Dejé mi mula al criado y metíme en el coche. Cuando pensé que me daría gracias, siquiera por la mala noche que había pasado por él, cuando no por el beneficio que le hice en volver a ponerle en gracia de su amo y evitarle tanto daño como ya le amenazaba, apenas se me mostró reconocido, pues lo primero que me dijo fue: Poco le habrá costado a Vm. vencer a S. E. Yo conocí la mano y le dije: Ya se ve; vengo cansado; déjeme Vm. dormir. Llegamos a Madrid con las cortinas del coche corridas, para que no vieran por las calles aquella entrada; nos apeamos a la puerta trasera, él fue a ver a su amo, yo no quise presentarme al mismo tiempo por no presenciar la entrevista; de allí a poco subí; me hice anunciar; entré; el Conde me dijo mil cosas cuales yo me las merecía, y acabó diciéndome, mirando a Oquendo: Cadalso, Vm. es hombre de bien y buen amigo. Yo respondí: Sí, señor; y me fui a casa a lavarme y vestirme. Desde este instante se me fue preparando la caída tan completa; porque aunque al punto pareció, y debió haberse estrechado más nuestra amistad, conocí que era el final de ella. Volvió Oquendo a las andadas, recatándose de su amo (a quien no llamaba su Amo, sino su General). Este, que le tenía puestas espías, como a todos sus dependientes, no tardó en descubrir que Oquendo le faltaba a la palabra, y contra lo prometido, visitaba en la calle del Príncipe la famosa Margarita llamada de Aldecoa. Una noche, yendo a ver a Oquendo, le encontré hecho un mar de lágrimas, y viéndome me contó segunda caída, más irremediable que la otra, diciéndome: que ya se contaba por hombre perdido, y que así, si yo quería hacerle el último beneficio, y darle la última prueba de mi hombría de bien y amistad, que llevase una carta que me entregaba para la Margarita, para lo cual me daba también la llave de su casa y modo de abrir y subir hasta el cuarto de ella misma; que en nada podía premiar mi amistad si no en encargarme que la leyese la carta, pues ella no sabía leer. Tomé la carta y la llave y le dije: Amigo, voy a perderme también, como Vm. se ha perdido. Primero es mi amigo que mi fortuna. No perdamos tiempo: hasta mañana. Fuime y puesta en práctica la instrucción que me dio, llegué al mismo cuarto de la Margarita, que se desmayó al verme y sospechó algún infortunio con aquella visita intempestiva. Tuve por fin modo de serenarla, leer la carta y volverme a mi casa. Siguiéronme dos hombres en distintas calles y, por las señas, muy parecidos a los espías del Conde, que yo conocía muy bien. Enfadándome demasiado la inmediación del uno, le di tres palos bárbaros con la espada de montar que yo llevaba, sin contar mis dos pistolas bien cargadas y cebadas, para en todo caso. Cayó al suelo sin habla o sin querer que se le conociera la voz y, al día después y aun algunos consecutivos, faltó por el barrio del Conde uno de sus espías.

Poco tiempo después noté en el Conde una seriedad, que aumentándose por días, no me dejó duda de mi desgracia, y cuando me confirmé bien en este concepto, se lo comuniqué a Oquendo, preguntándole a qué podría atribuirlo. Este se hizo varias veces el desentendido, hasta que no pudiendo resistirse más, ni eludir mis instancias, me confesó que S.E. estaba irritado conmigo porque había sabido que había llevado la carta a Margarita. Entonces le dije: Amigo, Vm. no cumple si no me vuelve otra vez a poner en la gracia de S.E. Y él, desde luego manifestándome lo difícil que le sería, no dejó de enseñarme lo indiferente que le era. Echéle esto en cara, y viendo que no me daba la menor satisfacción, me separé algo de él. Pero antojándosele declamar una tragedia a influjo y adulación de Mr. Reinaud, me enganchó a que hiciese un papel en ella, insinuándomelo el mismo Conde. Acepté, creyendo que la cosa no se formalizaría, y mucho menos que se tratase representar la de la Muerte de César, por Voltaire, pues ésta no es más que un puro sistema de regicidio, y parecía imposible que se viese en casa de un Presidente de Castilla, promovido a aquella dignidad de resulta de un motín. Por las consecuencias que esto podría tener, porque yo sé que se iba aprovechando de mi separación un criado de la Condesa, y por la ingratitud de Oquendo, resolví dejarlo todo, como lo ejecuté con no sé qué frívolo motivo en un ensayo, y nótense las consecuencias de ello. Desde este punto se conjura toda la casa contra mí. El Conde, por lo dicho, y tal vez algún influjo más; Oquendo, porque no creyó que hombre alguno de este mundo despreciaría su amistad; el criado dicho, por acabar de dominar a Oquendo, que dominaba al Conde; y los demás, por ir con la corriente. Esta enemistad de parte de Oquendo fue muy absurda, porque si se acordó alguna vez de los secretos que me fió,

8° + 27 q .]. &.
8 u D. q. e.   p. d. 4. a. 5. y
  4 4   +   c

y otros, debió temblar que yo le abandonase por el peligro que yo los descubriese; pero no llegó a tanto su política. Tal vez me hubiera tentado mi desgracia a dar este paso tan ajeno de mí, a no haberme enamorado entonces mismo de una famosa cómica llamada Ignacia Ibáñez, la mujer del mayor talento que yo he conocido, y que tuvo la extravagancia de enamorarse de mí, cuando yo me hallaba desnudo, pobre y desgraciado. Su amable trato me alivió de mis pesadumbres; pero murió a los cuatro o cinco meses de un tabardillo muy fuerte, pronunciando mi apellido. Sus amores formarán artículo aparte, por no interrumpir la serie de mis sucesos en casa del Conde Presidente. Luego que muerta la Ignacia se acabó cuanto podía distraerme de las consideraciones que me resultaban de mi crítico estado; por lo tocante a la casa del Conde, volví de nuevo a ellas, las cuales juntas a la pesadumbre de la muerte, lo mucho que trabajé en la comisión que tenía en Madrid, y la suma pobreza en que me hallé (pues pasé cuarenta y ocho horas sin más alimento que cuatro cuartos de castañas) caí enfermo de mucho peligro, que se hubiera aumentado con el médico, a no haber tropezado con uno que por ser de casa del Conde y conocer el estado de mis cosas, no se hubiera hecho cargo. El primer día de cama lo pasé con un caldo que me dieron, como de limosna, las vecinas de la casa que vivían en un cuarto del patio y eran madre y mujer de un infeliz oficial de cerrajero. Un oficial del regimiento, que se hallaba en Madrid, conocía mi miseria y me prestó tres doblones de a ocho, con los cuales pude mandar componer el catre, hacerme sábanas, pagar deudas pequeñas, pero vergonzosas, y gratificar al único que fue mi constante amigo, a saber, mi barbero. Al cabo de ocho días de cama, vino a verme Oquendo, y en la visita conocí que aún me estimaba, y mucho más en mi convalecencia, durante la cual me volvió no solo toda su antigua amistad, sino el favor de su amo, pues segunda vez fui admitido a sus interioridades. El dicho don Josef [sic, por Joaquín] conoció el daño que se le seguiría de esta mi segunda fortuna, y se valió en no sé qué treta para volver a derribarme, y lo consiguió tanto más fácilmente, cuanto yo no hice la menor diligencia por mantenerme en el corazón de aquel amigo tan inconstante.

Empezaba a urgir mi regreso al regimiento, acabada la comisión que me detenía en Madrid, sin haber merecido por ella la menor recompensa, sino unos cuantos cumplidos de aquellos que son tan comunes en la boca de los ministros, como insulsos en la práctica. Se trató de hacer dinero para pagar deudas y comprar camisas. Hallándome tan positivamente desnudo, que me iba a mudar a. casa de. Mr. Augé las que él me prestaba, dejándoselas alguna vez bien mojadas en mis lágrimas. Entonces compuse los Eruditos y Suplemento y publiqué mis poesías. Equipéme medianamente con su producto, y me fui al instante, donde me mantengo hoy último del año de 1773, bien desengañado de Corte, amigos y pretensiones, y entregado a mis libros.

Carácter de los principales sujetos que he tratado, con las anécdotas más notables de lo que me ha pasado con ellos

1. Mi padre.
    2. Mr. Augé.
    3. Don Félix Abreu.
    4. El P. Isidro López.
    5. El P. Antonio Zacagnini.
    6. El Conde de Aranda.
    7. La Condesa de Aranda.

8. El Duque de Huéscar.

9. La Condesa de Benavente.

10. Su marido.

11. Su madre.

12. Vallés.

13. El famoso Pallás.

14. Mi coronel.

15. El Marqués de Tabuérniga.

15. El Marqués de Villavenazar.

17. Don Josef Huerta.

18. Don Joaquín Oquendo.

19. Don Antonio Cornel.

20. La Marquesa de Escalona.

21. María Ignacia Ibáñez.

22. Don Julián de Moya.

23. Don Antonio Ricardos.

Nota

Cada carácter de los de esta lista en hojas sueltas que forman cuadernillo separado, para no interrumpir la serie

Continuación desde septiembre de 1774

En el día 1ro de septiembre marcho a Madrid, con una carta del Conde de Ricla, en que me permitía pasar por un mes, no obstante que formalmente se me prohibía por el tenor de la licencia que me envió a Salamanca para convalecer. Licencia que envié a pedir en derechura por el conducto de mi Inspector, no obstante estar éste muy mal conmigo, por haberme ya negado a ir a la Academia Militar de Ávila.

Llegado a Madrid, debí mil expresiones de favor al Gobernador y a mi Inspector, no obstante haber yo dado disgusto a ambos, con lo que acabo de apuntar, y, yéndose a cumplir el mes, pedí prórroga de otros cuatro en memorial que el Inspector dijo haber informado y haber llevado él mismo al Sitio. Pero en lugar de la respuesta que debía esperar, me hallé con una carta del Ministro al Gobernador diciéndole que inmediatamente me hiciese marchar de Madrid, lo que ejecuté manifestándome así éste como mi Inspector mucho sentimiento de mi desaire.

Luego que me vi en el Montijo, donde se hallaba mi cuartel, escribí al Ministro, Inspector, Condesa de Benavente, su madre, su suegra, Villavenazar. Nadie me respondió sino el Gobernador de Madrid con una carta muy clara, por lo demasiado artificiosa; y acabándome de hacer cargo de que no está la Corte, ni el Ejército, para hacer fortuna, pedí mi retiro de Teniente Coronel disperso en Alcalá de Henares.

Tuve noticia de haberse dado a examen de la Academia de la Lengua mis Cartas Marruecas, obra crítica que compuse en Salamanca; y desde luego me formé muy corta esperanza de su éxito, respecto de haber en la Academia muchos del sistema opuesto a cuanto digo en ellas, tocante a la Nación. Más noticia de las mismas como consta en las cartas; pero habiendo escrito al P. Aravaca, Académico comisionado por su Academia al examen de mi obra, me escribió el tutor que las dichas Marruecas habían logrado una aprobación honrosísima y llena de los mayores elogios a la Academia, por el informe del dicho Aravaca.

Me hallé con una carta de Madrid, fecha 16 de diciembre, de parte de la Marquesa de Palacios (hija de la de Gracia Real, cortejo antiguo de Ricardos) en que me manifiesta mucha estimación: repitió varias, pero en una de ellas del 10 de febrero de 1775 me pareció descubrir artificio o inducción del Inspector. Véanse todas éstas y mi respuesta, que tienen el título correspondiente entre mis cartas recibidas.

Recibí una carta del Inspector con fecha del 10 de marzo de 75 en que se me muestra muy quejoso de mi desconfianza fundada en que para el humor del uno era yo demasiado joven, y para el del otro, sobradamente viejo. Pero me hicieron Mayor no sé por qué, solo sí que para ello fue preciso agraviar al Capitán más antiguo que se había consentido serlo y calculado para cuándo había de ser Coronel, Mariscal, Teniente y Capitán General, pero le salió errado el cálculo.

Llega al cuartel el Teniente Coronel que ya era Coronel in pectore, y desde aquel instante conocí que haríamos un maldito matrimonio. Así se verificó en términos de un rompimiento formal, que dio motivo a varias escenas poco lucidas por él. Pero en una de ellas llevaba tan bien estudiado mi papel desde mi casa, que dejé en ella un caballo ensillado, mis pistolas cargadas, y me eché en el bolsillo cuanto dinero yo pude hallar a mano; pero su prudencia inutilizó estas precauciones mías. Sin embargo, puse un memorial en sus manos, para que lo dirigiese al Rey, pidiendo mi paso a cualquier Cuerpo del Ejército o Armada en cualquiera clase, como no fuese a la orden de Clarebout. Copia de ello y de todos los documentos en que se fundaban mis desavenencias con el dicho se pasaron al Ministro por Iriarte. El Inspector medió en esto, y le escribió una carta a él, otra a mí y otra a dúo. En obsequio suyo me contuve, y esto se acabó por el pronto, bien que en su interior siempre me mantuvo un odio acerbo, y más cuando vio que el Inspector me hacía mil distinciones en la revista que pasó en Cáceres, de la que resultó darme la primera Comandancia que vacó, a cuya época manifestó su insuficiencia Clarebout, en el modo de hacer la propuesta y quererme engañar y quitarme el ascenso. Pero quedó burlado, respecto del favor dicho y el del Ministro, a solicitud de mi sobrina.

Ahora me pareció tiempo preciso de ir a Cádiz a ver a mi tío, conociendo que si a éste le era doloroso ver a un sobrino soldado y pobre, le sería gustoso el tenerlo ya Teniente Coronel. Se lo escribí y me respondió, tendría mucha complacencia en darme un abrazo. Fui, aunque con peligro de muerte, por una caída en Jerez. Mi morada en aquella ciudad me hizo confirmar en la idea que yo me había formado de sus habitantes. Los regalos que me hizo mi tío fueron muy cortos, aunque ponderados por el pueblo y aún fuera. Yo asentía por su honor el ruido común, pero tuve por más conveniente volverme al regimiento, cuyo primer escuadrón ya encontré en Mérida corriendo por tomar sus puestos en la carrera de la Reina Madre de Portugal. Me puse a la cabeza del mío, y con él fui a Oropesa, después de haber campado dos días y noches en la venta de Asolvanegas. Traté al Mayor de la Reina, Teniente General ilustrado.

De resultas pido licencia para Madrid por tres meses.

Composición de lugar para este viaje
Debo trabajar a los objetos siguientes:
1. Zanjar mis cuentas con la viuda de Augé, etc. zanjado.
2. Recoger el manuscrito de Alverá... concluso.
3. Entablar pretensión de encomienda.
4. Id. de grado de coronel... imposible.
5. Id. de la tenencia coronela... posible.
6. Ser incluido en la primera expedición.
7. Segunda introducción con el Príncipe... conseguido.
8. Fomentar la amistad de Montijo, Cevallos, Navia.
9. Evacuar los asuntos de mi parentela...
10. Formarme un equipaje decente.
11. Id. bolsillo, y finalmente mirar por don Juan Espronceda.
12. Lo de Andonaégui... zanjado, muerto Moya.

Consideraciones que me mueven a solicitar hacer fortuna,
como de lo último se infiere

1. Más vale mandar que ser mandado.

2. Entre los dos estados no hay medio.

3. Tener una casa buena y cómoda, en una provincia agradable, con una renta competente, sería, sin duda, más conveniente y seguro que hacer fortuna. Pero ¿dónde he de hallar esta India?.

4. Aunque la hallase, no es asequible en España por mil inconvenientes.

5. Se reduce a reservarme para disfrutar de ello siempre que lo hallase.

6. Pero, mientras tanto, no perder ocasión.

7. En mi edad, que aún no es grande, en mis introducciones, que son buenas, y en el concepto que tengo entre las gentes, me puedo prometer fortuna.

Consideraciones sobre lo que en otros me ha parecido medios u obstáculos para la salud.
Continuación

Llego a Madrid en 17 de febrero, y hallo las gentes en el mismo estado, y durante mi mansión de seis meses, me separé de la intimidad con la Benavente, por razón de la mudanza de su genio debida al influjo de Miguel Arriaga; pero quedamos regularmente, y conjeturo que siempre que me convenga estrechar, estará ella pronta.

El Príncipe y Princesa tienen buena opinión de mí, como me lo han manifestado. Sus favoritos Peñafiel, Piñateli, Montijo, son amigos míos. Entre Peñafiel y el Príncipe hubo una conversación acerca de mí; yo la oí y me pareció bien. El lance de Espronceda lanzado con lucimiento suyo y mío.

Quedan mis cuentas arregladas con Alverá, viuda de Augé, y todos los demás. Recogí el manuscrito de las Cartas Marruecas. Supe la noticia de la muerte de Julián Moya. Salgo de Madrid para el regimiento en agosto de 1778, pero con la mortificación de no haber pagado mis deudas, bien que no son tantas, como en los años 70 y 71, pues el estado es el siguiente:

A la heredera de Mr. Augé, según escritura	10D.682
A don Bernardo Alverá, librero, Carrera de San Jerónimo	
A don Miguel Amandi, comerciante, calle de la Montera	1D.123
A don Diego Pérez, vecino de Amandi	D.600
A don Domingo Salazar, Plaza Mayor	D.882
A don Manuel Ascargota, para quién sabe	6D.000
Al Marqués de Castellanos, Salamanca	1D.200
A don Thomás Antonio Arévalo Arriaga, Oficial de la Secretaría del Consejo de Órdenes	D.900
A don Joaquín Oquendo, Mayor de América	4D.884
A don Ignacio Bernascone, calle de Atocha, Madrid	D.900
A don... para quién sabe	7D.500
	34D.671

Llegué a San Roque y después de algún tiempo me hice cargo de Gibraltar, su situación, obras, bahía, tropa, método de servicio, etc., cuyas particularidades remití al Conde de Benavente, en carta circunstanciada, ofreciendo remitirle en otra cuanto me parece conducente a un proyecto de tomar aquella plaza. Lo cierto es que si nos pudiéramos fiar bastante de la Francia o engañar en lo suficiente para que por su lado contuviese las escuadras inglesas de bajar hacia estos parajes, nosotros pudiéramos intentar un sitio que consistiese principalmente en un bloqueo por tierra y mar, cubierto el Estrecho por una Armada española a lo menos de cincuenta navíos de línea, cuyas divisiones no dejasen acercar a la playa navío alguno de cualquiera especie, nación o parte que fuese. Más adelante pondré en estas apuntaciones mi proyecto. Quien pudiera ayudarnos mucho con alguna conjuración contra su tropa es la Nación Judía, prometiéndoles libre establecimiento en nuestros puertos y, luego, negándoselo cuando hubiesen cumplido, si no se tuviese por conveniente dejarlos establecer. Sin embargo, me atengo a mi pensamiento antiguo de tomar dos veces a Portugal. La primera para que en cambio nos den dicha plaza, y la segunda para quedarnos de veras con aquel Reino.

Compuse el Papel de dudas ocurridas entre el Comandante y Sargento Mayor que mi compañero más antiguo que yo presentó al Inspector General, quien no determinó.

Formé mi proyecto para un sitio de Gibraltar y lo remití en derechura al Ministro de Estado, Conde de Floridablanca. Me respondió a vuelta de correo. El proyecto y respuesta se halla entre mis papeles y legajo que tiene por título Relativos a la Carrera. Pero un país mandado por tres golillas no puede abrazar cosas que pidan vigor.

De allí a poco se ofreció que el Comandante de los Jabeques del Estrecho pidiese al General del Campo un refuerzo de tropas, respecto de ir a buscar los moros, cuyas fuerzas eran considerables.

Después de mil debates con los de mi Cuerpo, obtuve el ir mandando dicho refuerzo, que era de catalanes, escopeteros y caballería desmontada. Hicimos dos salidas; estuvimos embarcados quince días y volvimos sin hacer nada. Conservo en el legajo arriba citado los oficios relativos a esto. Observé los principales vicios que hoy tiene nuestra Marina. Formé desde entonces gran concepto del cadete de Caballería don Josef Orovo.

Salimos del Campo mudados por los Dragones de Pavía, y a mi llegada a Utrera hice el proyecto de levantar un regimiento de caballería irregular, y escribí al Inspector una indirecta sobre ello en 22 de mayo de 1779.

Noticia de las leguas que he andado por vía recta, despreciando los viajes pequeños, hasta la fecha de arriba

De Cádiz a París por donde fui	389
A Londres por donde fui	90
A Madrid por donde fui por Holanda	381
A Cádiz	101
A Madrid	101
A Londres por donde fui	381
A Cádiz	482
A Madrid	101
A Portugal y por allí	100
De Extremadura a Madrid	63
A Burgos	41
A Salamanca	42
A Madrid	33
A Zaragoza	52
A Madrid	52
A Salamanca	33
A Madrid	33
Al Montijo	54
A Cádiz	55
	2.584

Continuación desde 22 de mayo de 1779

Al Montijo	55

A la Venta de Penegas [sic, ¿Asolvanegas?]	42
Al Montijo	42
A Utrera	42
A Madrid	86
A San Roque	103
A Utrera	21
De Utrera a Sevilla y San Roque	35
	3.010

De asuntos particulares míos durante el bloqueo, no expresados en las apuntaciones reservadas, el más notable fue la venida de Juan María de Cadalso, mi primo. Su proyecto era quedarse en el Campo de Cadete del regimiento de Saboya. Fue menester maña para volverle a Cádiz, habiéndosele aumentado la vocación militar con el buen acogimiento que le hicieron el General y otras personas de este Ejército.

Nota

La mucha oposición que tiene el que manda por parte de todos los que le obedecen, y más si entre los subordinados hay algunos poderosos, y el jefe es un hombre no tan alto, hizo que se formase un partido contra Alvarez (en el diario reservado está). Yo me hallé en el compromiso de huir de las gentes, por no terciar en las conversaciones, ni privar la sociedad de los que se juntaban a murmurar. Dos años estuve viviendo en San Roque, sin tratar un alma viviente, hasta que la casualidad me proporcionó el conocimiento de un sobrino del Conde de Floridablanca, don Francisco Salinas de Moñino, joven de veinte años (cuando vino al Bloqueo) desordenado en mujeres y juego, pero franco, honrado, etc. En fin, vi en él los defectos que yo conocí en mí mismo y las buenas prendas que mi amor propio me hacía creer se hallaban en mi persona. Lo cierto es que su genio amabilísimo me alivió mucho de la pesadumbre que imprime una continua soledad como la que pasaba, y se fue experimentando en las causas serias que se verán en el Diario reservado. Pero se cansó y lo fue dejando, sin embargo que hice por detenerle más de lo que hubiera practicado por la protección de un Primer Ministro Supremo, o por los favores de la dama más hermosa de Europa. De los pocos sujetos que he querido en el mundo (por distintos términos), éste fue el único que no me quiso más de lo que yo le quise a él. Me costó una pesadumbre formal la separación; pero me determiné a ella no con pocos deseos de ver si yo era hombre capaz de vencerme a mí mismo.

Libros a la carta

A la carta es un servicio especializado para
empresas,
librerías,
bibliotecas,
editoriales
y centros de enseñanza;
y permite confeccionar libros que, por su formato y concepción, sirven a los propósitos más específicos de estas instituciones.

Las empresas nos encargan ediciones personalizadas para marketing editorial o para regalos institucionales. Y los interesados solicitan, a título personal, ediciones antiguas, o no disponibles en el mercado; y las acompañan con notas y comentarios críticos.

Las ediciones tienen como apoyo un libro de estilo con todo tipo de referencias sobre los criterios de tratamiento tipográfico aplicados a nuestros libros que puede ser consultado en Linkgua-ediciones.com.

Linkgua edita por encargo diferentes versiones de una misma obra con distintos tratamientos ortotipográficos (actualizaciones de carácter divulgativo de un clásico, o versiones estrictamente fieles a la edición original de referencia).

Este servicio de ediciones a la carta le permitirá, si usted se dedica a la enseñanza, tener una forma de hacer pública su interpretación de un texto y, sobre una versión digitalizada «base», usted podrá introducir interpretaciones del texto fuente. Es un tópico que los profesores denuncien en clase los desmanes de una edición, o vayan comentando errores de interpretación de un texto y esta es una solución útil a esa necesidad del mundo académico.

Asimismo publicamos de manera sistemática, en un mismo catálogo, tesis doctorales y actas de congresos académicos, que son distribuidas a través de nuestra Web.

El servicio de «libros a la carta» funciona de dos formas.

1. Tenemos un fondo de libros digitalizados que usted puede personalizar en tiradas de al menos cinco ejemplares. Estas personalizaciones pueden ser de todo tipo: añadir notas de clase para uso de un grupo de estudiantes, introducir logos corporativos para uso con fines de marketing empresarial, etc. etc.

2. Buscamos libros descatalogados de otras editoriales y los reeditamos en tiradas cortas a petición de un cliente.

www.ingramcontent.com/pod-product-compliance
Lightning Source LLC
Chambersburg PA
CBHW030527130626
46549CB00007B/3133